AF216302

Impressum
Verlag: BABADADA GmbH, Nedderfeld 112 , 22529 Hamburg
Geschäftsführer / Verlagsleitung: Harald Hof
Druck: Books on Demand GmbH, In de Tarpen 42, 22848 Norderstedt

Imprint
Publisher: BABADADA GmbH, Nedderfeld 112 , 22529 Hamburg, Germany
Managing Director / Publishing direction: Harald Hof
Print: Books on Demand GmbH, In de Tarpen 42, 22848 Norderstedt, Germany

escola
mokykla

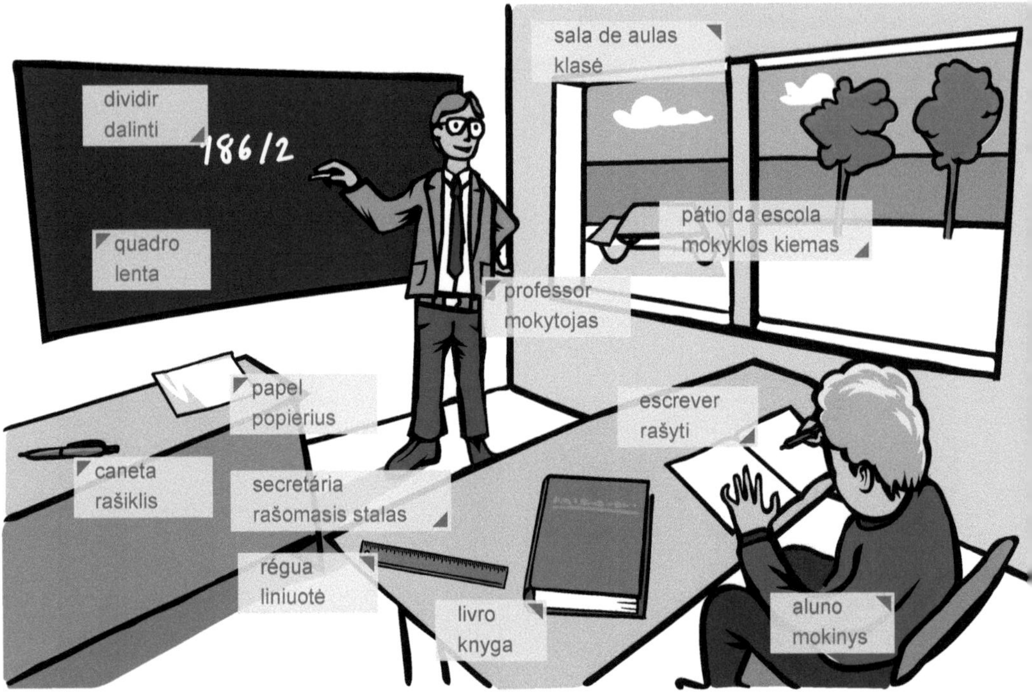

sala de aulas
klasė
dividir
dalinti
186/2
quadro
lenta
pátio da escola
mokyklos kiemas
professor
mokytojas
papel
popierius
escrever
rašyti
caneta
rašiklis
secretária
rašomasis stalas
régua
liniuotė
livro
knyga
aluno
mokinys

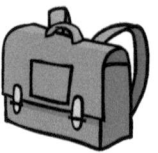

mochila

kuprinė

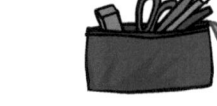

estojo de lápis

penalas

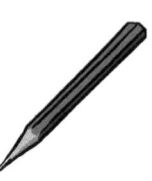

lápis

pieštukas

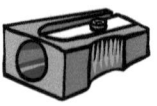

afia-lápis

drožtukas

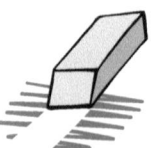

borracha

trintukas

bloco de desenho

piešimo bloknotas

desenho
piešinys

pincel
teptukas

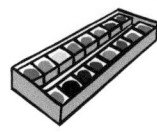

caixa de tintas
dažų dėžutė

tesoura
žirklės

cola
klijai

livro de exercícios
vadovėlis

trabalhos de casa
namų darbai

número
numeris

somar
pridėti

subtrair
atimti

multiplicar
dauginti

calcular
skaičiuoti

letra
raidė

alfabeto
abėcėlė

palavra
žodis

texto
....
tekstas

ler
....
skaityti

giz
....
kreida

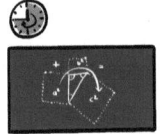

hora
....
pamoka

registo de presenças
....
dienynas

exame
....
egzaminas

certificado
....
pažymėjimas

uniforme escolar
....
mokyklinė uniforma

educação
....
išsilavinimas

enciclopédia
....
enciklopedija

universidade
....
universitetas

microscópio
....
mikroskopas

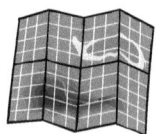

mapa
....
žemėlapis

cesto de lixo
....
šiukšliadėžė

viagem
kelionė

hotel
viešbutis
Grand
hostel
svečių namai
ROOMS
casa de câmbio
valiutos keitykla
mala
lagaminas
carro
mašina

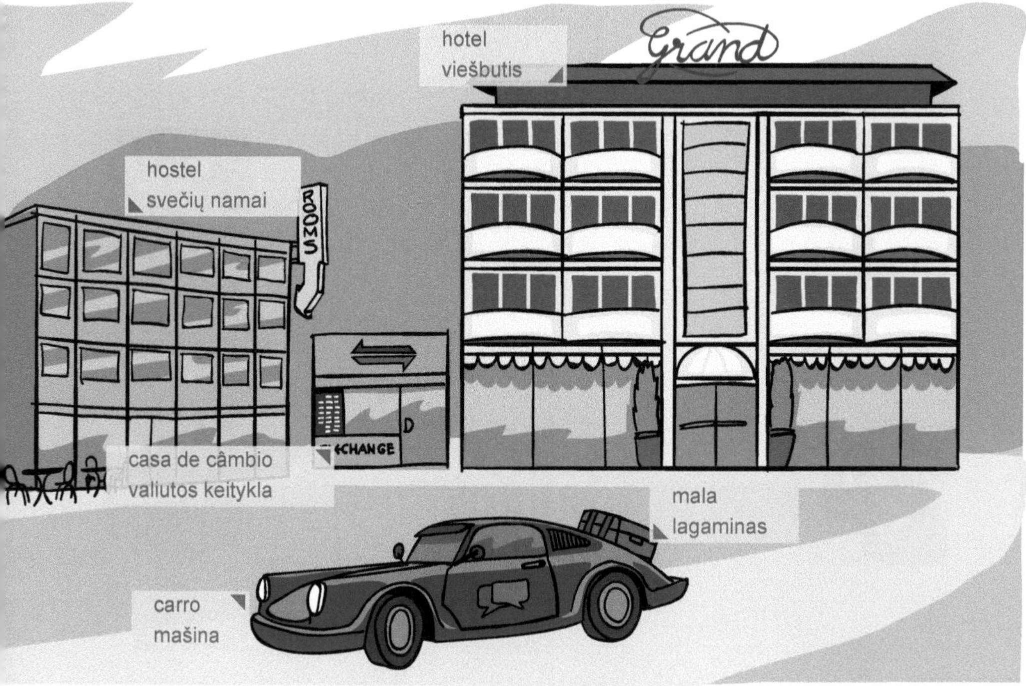

idioma

kalba

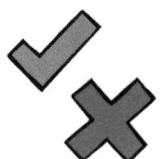

sim / não

taip / ne

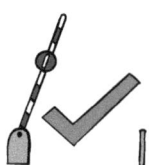

ok / certo / correto

Gerai

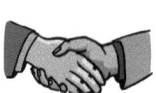

olá

sveiki

intérprete

vertėjas raštu

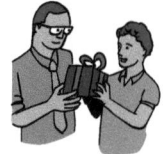

obrigado

Ačiū

quanto é que custa... ?

kiek kainuoja...?

não entendo

aš nesuprantu

problema

problema

boa noite!

Labas vakaras!

Bom dia!

Labas rytas!

Boa noite!

Labos nakties!

adeus

viso gero

direção

kryptis

bagagem

bagažas

saco

krepšys

mochila

kuprinė

convidado

svečias

quarto

kambarys

saco-cama

miegmaišis

tenda

palapinė

informação turística

turizmo informacija

praia

paplūdimys

cartão de crédito

kreditinė kortelė

pequeno-almoço

pusryčiai

almoço

pietūs

jantar

vakarienė

bilhete

bilietas

elevador

liftas

selo postal

pašto ženklas

fronteira

siena

alfândega

muitinė

embaixada

ambasada

visto

viza

passaporte

pasas

transporte
transportas

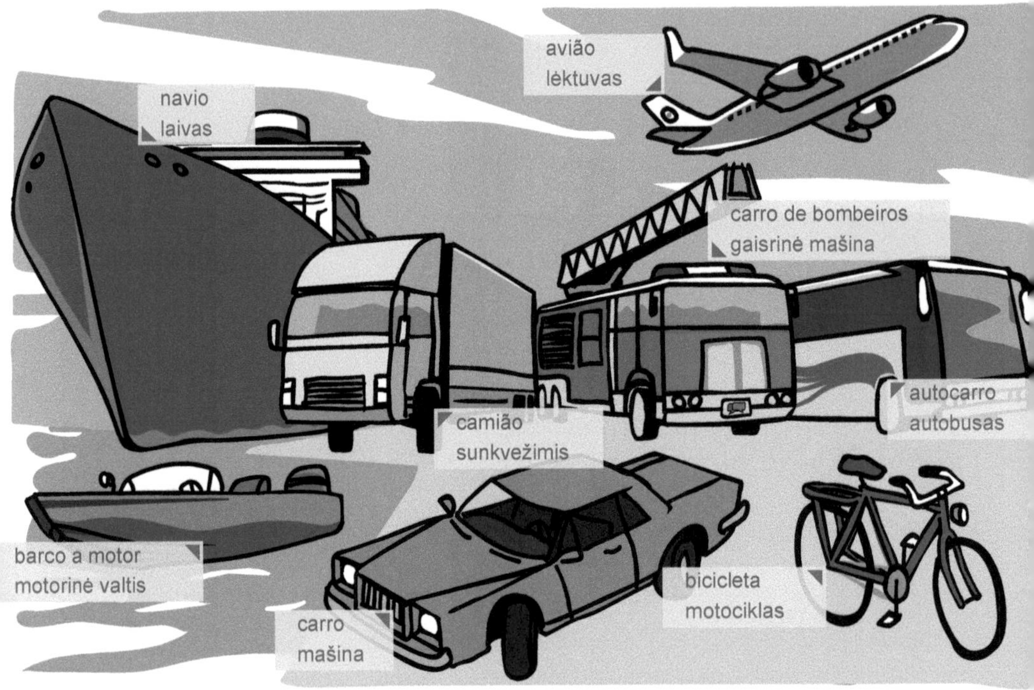
navio
laivas
avião
lėktuvas
carro de bombeiros
gaisrinė mašina
autocarro
autobusas
camião
sunkvežimis
barco a motor
motorinė valtis
bicicleta
motociklas
carro
mašina

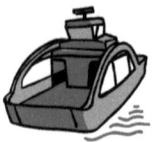

cacilheiro

keltas

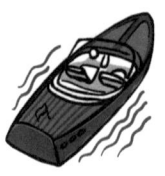

barco

valtis

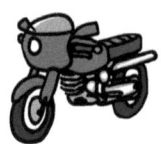

mota

mopedas

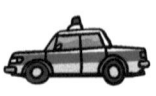

carro de polícia

policijos automobilis

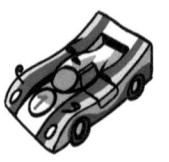

carro de corrida

lenktyninis automobilis

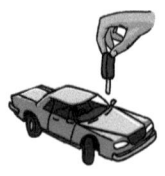

carro alugado

nuomojamas automobilis

carsharing

bendras automobilio
naudojimas

camião de reboque

techninės pagalbos
automobilis

camião do lixo

šiukšliavežė

motor

variklis

combustível

degalai

estação de serviço

degalinė

sinal de trânsito

kelio ženklas

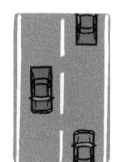

trânsito

eismas

congestionamento de
trânsito
eismo spūstis

parque de estacionamento

mašinų stovėjimo aikštelė

estação ferroviária

traukinių stotis

carris

bėgiai

comboio

traukinys

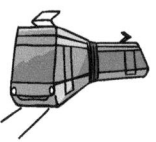

elétrico

tramvajus

carruagem

vagonas

helicóptero

sraigtasparnis

aeroporto

oro uostas

torre

bokštas

passageiro

keleivis

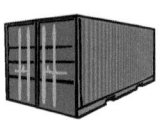

contentor

konteineris

caixa de papelão

dėžė

carrinho

vežimėlis

cesto

krepšys

levantar voo / aterrar

pakilti / nusileisti

cidade

miestas

aldeia

kaimas

centro da cidade

miesto centras

casa

namas

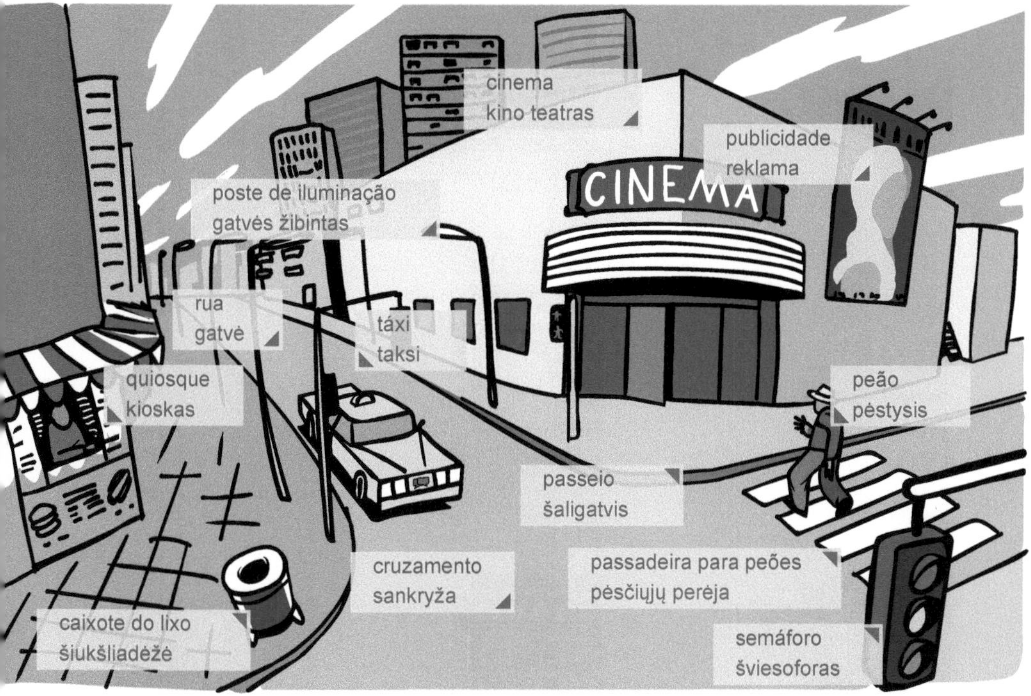

cinema
kino teatras

publicidade
reklama

poste de iluminação
gatvės žibintas

CINEMA

rua
gatvė

táxi
taksi

peão
pėstysis

quiosque
kioskas

passeio
šaligatvis

cruzamento
sankryža

passadeira para peões
pėsčiųjų perėja

caixote do lixo
šiukšliadėžė

semáforo
šviesoforas

cabana

trobelė

apartamento

butas

estação ferroviária

traukinių stotis

câmara municipal

rotušė

museu

muziejus

escola

mokykla

universidade

universitetas

banco

bankas

hospital

ligoninė

hotel

viešbutis

farmácia

vaistinė

escritório

biuras

livraria

knygynas

loja

parduotuvė

florista

gėlių parduotuvė

supermercado

prekybos centras

mercado

turgus

loja de departamentos

universalinė parduotuvė

peixaria

žuvies parduotuvė

centro comercial

prekybos centras

porto

uostas

parque
parkas

banco
suoliukas

ponte
tiltas

escadas
laiptai

metro
metro

túnel
tunelis

paragem de autocarro
autobusų stotelė

bar
baras

restaurante
restoranas

caixa de correio
lauko pašto dėžutė

sinal de trânsito
kelio ženklas

parquímetro
parkomatas

jardim zoológico
zoologijos sodas

piscina
baseinas

mesquita
mečetė

quinta
ūkininko ūkis

poluição
tarša

cemitério
kapinės

igreja
bažnyčia

parque infantil
žaidimų aikštelė

templo
šventykla

paisagem
kraštovaizdis

folha
lapas

placa de sinalização
kelio rodyklė

caminho
kelias

prado
pieva

pedra
akmuo

árvore
medis

caminhantes
ėjikas

rio
upė

relva
žolė

flor
gėlė

vale
....
slėnis

montanha
....
kalva

lago
....
ežeras

floresta
....
miškas

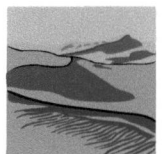

deserto
....
dykuma

vulcão
....
ugnikalnis

castelo
....
pilis

arco-íris
....
vaivorykštė

cogumelo
....
grybas

palma
....
palmė

mosquito
....
uodas

mosca
....
musė

formiga
....
skruzdėlė

abelha
....
bitė

aranha
....
voras

besouro
vabalas

sapo
varlė

esquilo
voverė

ouriço
ežys

lebre
kiškis

coruja
pelėda

pássaro
paukštis

cisne
gulbė

javali
šernas

veado
elnias

alce
briedis

barragem
užtvanka

turbina eólica
vėjo jėgainė

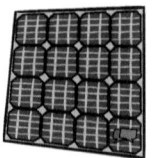

painel solar
saulės baterija

clima
klimatas

restaurante
restoranas

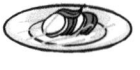

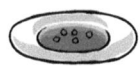

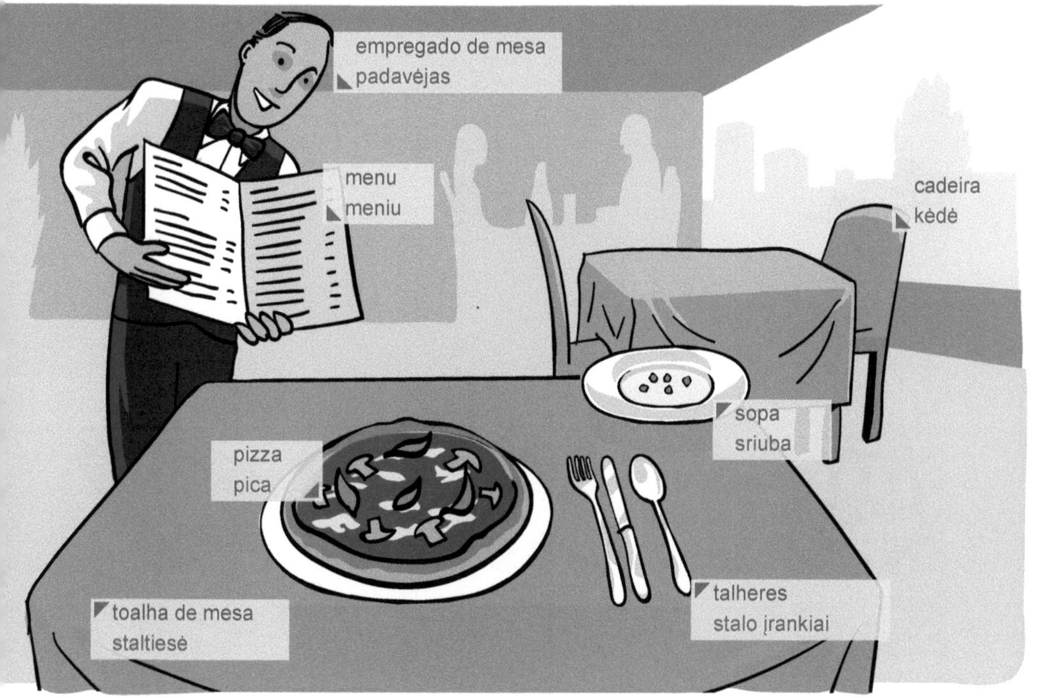
empregado de mesa
padavėjas
menu
meniu
cadeira
kėdė
sopa
sriuba
pizza
pica
talheres
stalo įrankiai
toalha de mesa
staltiesė

entrada
užkandis

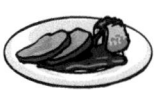

prato principal
pagrindinis patiekalas

sobremesa
desertas

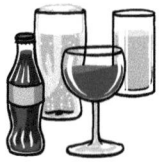

bebidas
gėrimai

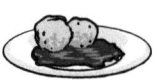

comida
maistas

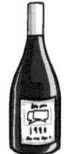

garrafa
butelis

fast food

greitai pateikiamas maistas

comida de rua

gatvės maistas

bule de chá

arbatinukas

açucareiro

cukrinė

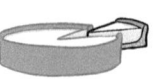

porção

porcija

máquina de café expresso

espreso aparatas

cadeira alta

aukšta kėdė

conta

sąskaita

bandeja

padėklas

faca

peilis

garfo

šakutė

colher

šaukštas

colher de chá

arbatinis šaukštelis

guardanapo

servetėlė

copo

stiklinė

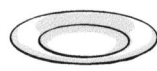

prato
....
lėkštė

prato de sopa
....
sriubos lėkštė

pires
....
padėklas

molho
....
padažas

saleiro
....
druskinė

moinho de pimenta
....
pipirų malūnėlis

vinagre
....
actas

óleo
....
aliejus

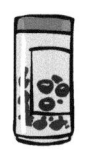

especiarias
....
prieskoniai

ketchup
....
kečupas

mostarda
....
garstyčios

maionese
....
majonezas

supermercado

prekybos centras

oferta especial
specialus pasiūlymas
FOR
cliente
pirkėjas
laticínios
pieno produktai
fruta
vaisiai
carrinho de compras
troleibusas

BUTCHERS

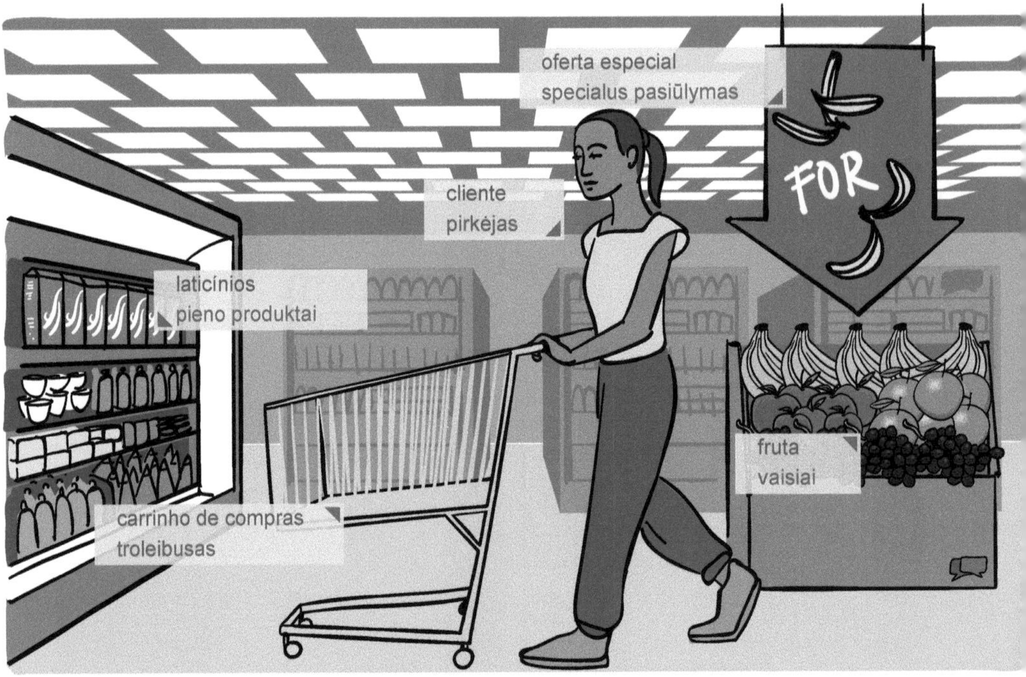

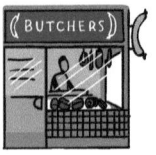

talho

mėsos parduotuvė

BAKERY

padaria

kepykla

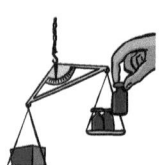

pesar

sverti

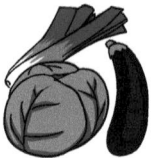

vegetais

daržovės

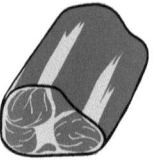

carne

mėsa

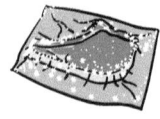

alimentos congelados

šaldytas maistas

charcutaria
šalti mėsos užkandžiai

comida enlatada
konservai

detergente em pó
skalbimo milteliai

doces
saldumynai

artigos domésticos
ūkinės prekės

produtos de limpeza
valymo priemonės

vendedora
pardavėja

caixa
kasos aparatas

caixa
kasininkas

lista de compras
pirkinių sąrašas

horário de funcionamento
darbo valandos

carteira
piniginė

cartão de crédito
kreditinė kortelė

saco
maišelis

saco de plástico
plastikinis maišelis

água

vanduo

sumo

sultys

leite

pienas

coca-cola

kola

vinho

vynas

cerveja

alus

álcool

alkoholis

cacau

kakava

chá

arbata

café

kava

café expresso

espresas

capuccino

kapučinas

banana

bananas

maçã

obuolys

laranja

apelsinas

melão

arbūzas

limão

citrina

cenoura

morka

alho

česnakas

bambu

bambukas

cebola

svogūnas

cogumelo

grybas

nozes

riešutai

talharim

makaronai

esparguete

spagečiai

arroz

ryžiai

salada

salotos

batatas fritas

traškučiai

batatas fritas

keptos bulvės

pizza

pica

hambúrguer

mėsainis

sanduíche

sumuštinis

bife panado

pjausnys

fiambre

kumpis

salame

saliamis

salsicha

dešrelė

galinha

vištiena

assado

kepsnys

peixe

žuvis

flocos de aveia

avižų dribsniai

muesli

dribsniai su priedais

flocos de milho

kukurūzų dribsniai

farinha

miltai

croissant

prancūziškasis ragelis

carcaça (pãozinho)

bandelė

pão

duona

torrada

skrebutis

biscoitos

sausainiai

manteiga

sviestas

requeijão

varškė

bolo

tortas

ovo

kiaušinis

ovo estrelado

kiaušinienė

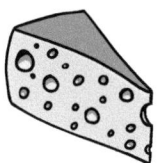

queijo

sūris

gelado

ledai

açúcar

cukrus

mel

medus

compota

uogienė

creme de nougat

tepamas šokoladas

caril

karis

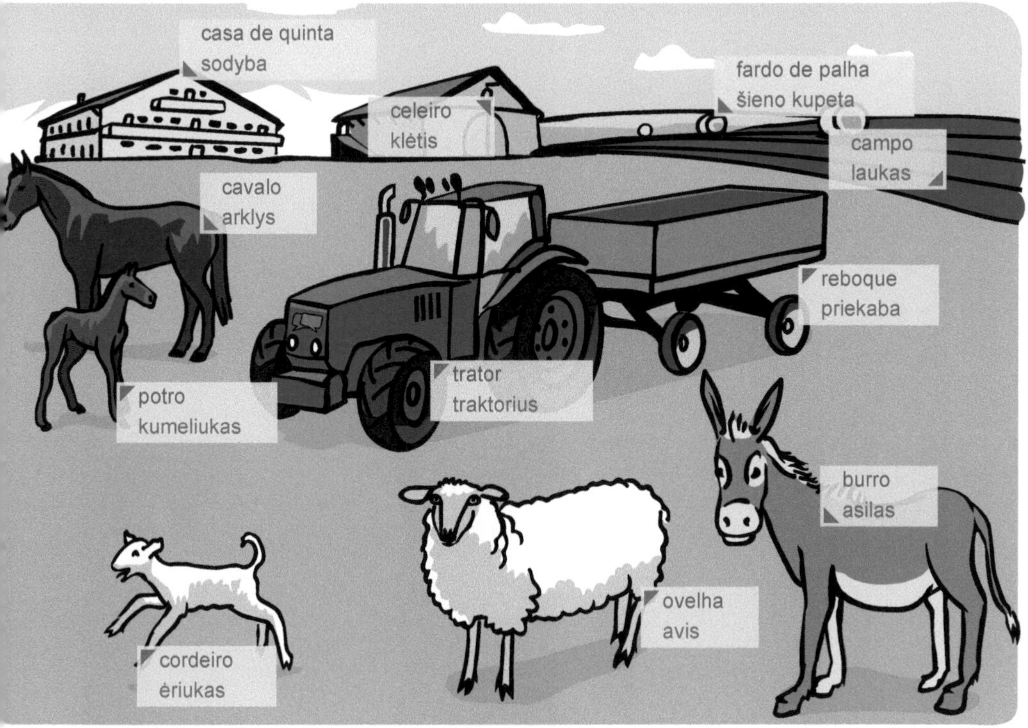

casa de quinta
sodyba

celeiro
klėtis

fardo de palha
šieno kupeta

campo
laukas

cavalo
arklys

reboque
priekaba

potro
kumeliukas

trator
traktorius

burro
asilas

ovelha
avis

cordeiro
ėriukas

cabra

vaca

bezerro

ožys

karvė

veršis

porco

leitão

touro

kiaulė

paršelis

bulius

ganso
žąsis

pato
antis

pintaínho
viščiukas

galinha
višta

galo
gaidys

ratazana
žiurkė

gato
katė

rato
pelė

boi
jautis

cão
šuo

casota
šuns būda

mangueira de jardim
sodo namas

regador
laistytuvas

foice
dalgis

arado
plūgas

foice

pjautuvas

enxada

kauptukas

forquilha

šakės

machado

kirvis

carrinho de mão

statinė

manjedoura

lovys

jarro de leite

bidonas

saco

maišas

cerca

tvora

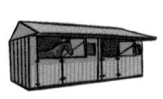

estábulo

arklidė

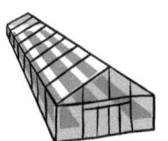

estufa

šiltnamis

solo

dirva

semente

sėkla

fertilizante

trąšos

ceifeira-debulhadora

kombainas

colher
....
rinkti

colheita
....
derlius

inhame
....
saldžiosios bulvės

trigo
....
kviečiai

soja
....
soja

batata
....
bulvė

milho
....
kukurūzai

colza
....
rapsai

árvore de fruto
....
vaismedis

mandioca
....
manijokas

cereais
....
grūdai

casa
namas

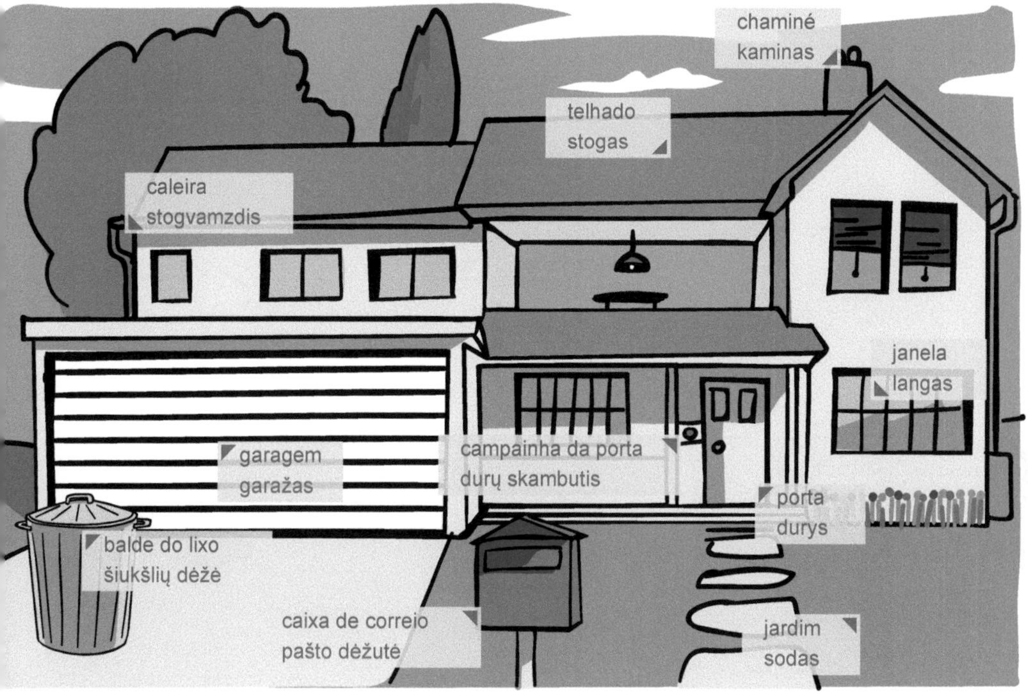
chaminé
kaminas
telhado
stogas
caleira
stogvamzdis
janela
langas
garagem
garažas
campainha da porta
durų skambutis
porta
durys
balde do lixo
šiukšlių dėžė
caixa de correio
pašto dėžutė
jardim
sodas

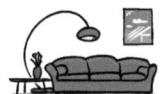

sala de estar

svetainė

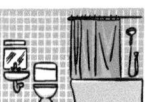

casa de banho

vonios kambarys

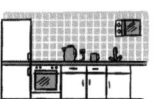

cozinha

virtuvė

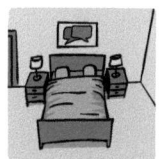

quarto de dormir

miegamasis

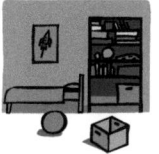

quarto de criança

vaiko kambarys

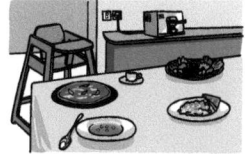

sala de jantar

valgomasis

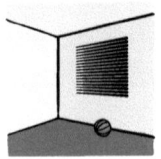

chão

grindys

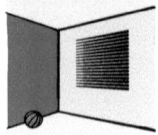

parede

siena

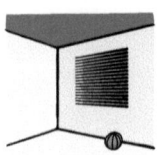

teto

lubos

cave

rūsys

sauna

sauna

varanda

balkonas

terraço

terasa

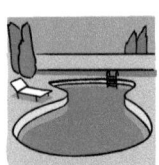

piscina

baseinas

máquina de cortar relvado

žoliapjovė

lençol

paklodė

cobertor

lovatiesė

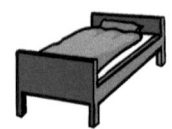

cama

lova

vassoura

šluota

balde

kibiras

interruptor

jungiklis

sala de estar
svetainė

papel de parede
tapetai
imagem
nuotrauka
lâmpada
šviestuvas
prateleira
lentyna
armário
spintelė
televisão
televizorius
lareira
židinys
flor
gėlė
almofada
pagalvėlė
sofá
sofa
vaso
vaza
controlo remoto
nuotolinio valdymo pultelis

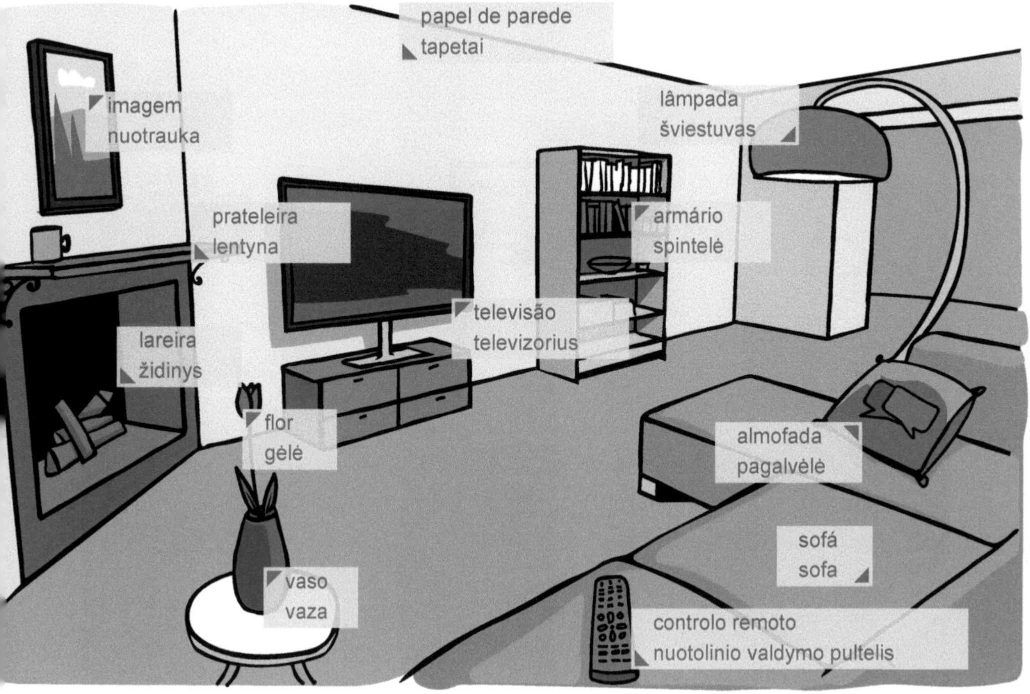

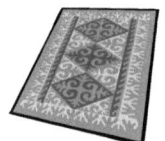

tapete

kilimas

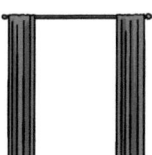

cortina

užuolaida

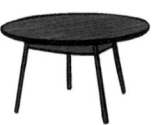

mesa

stalas

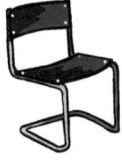

cadeira

kėdė

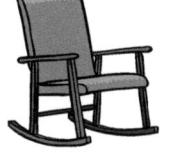

cadeira de baloiço

supamasis krėslas

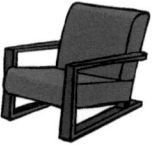

poltrona

fotelis

livro
knyga

cobertor
antklodė

decoração
papuošimai

lenha
malkos

filme
filmas

sistema estéreo
stereo aparatūra

chave
raktas

jornal
laikraštis

pintura
paveikslas

póster
plakatas

rádio
radijas

bloco de notas
užrašų knygelė

aspirador
dulkių siurblys

cato
kaktusas

vela
žvakė

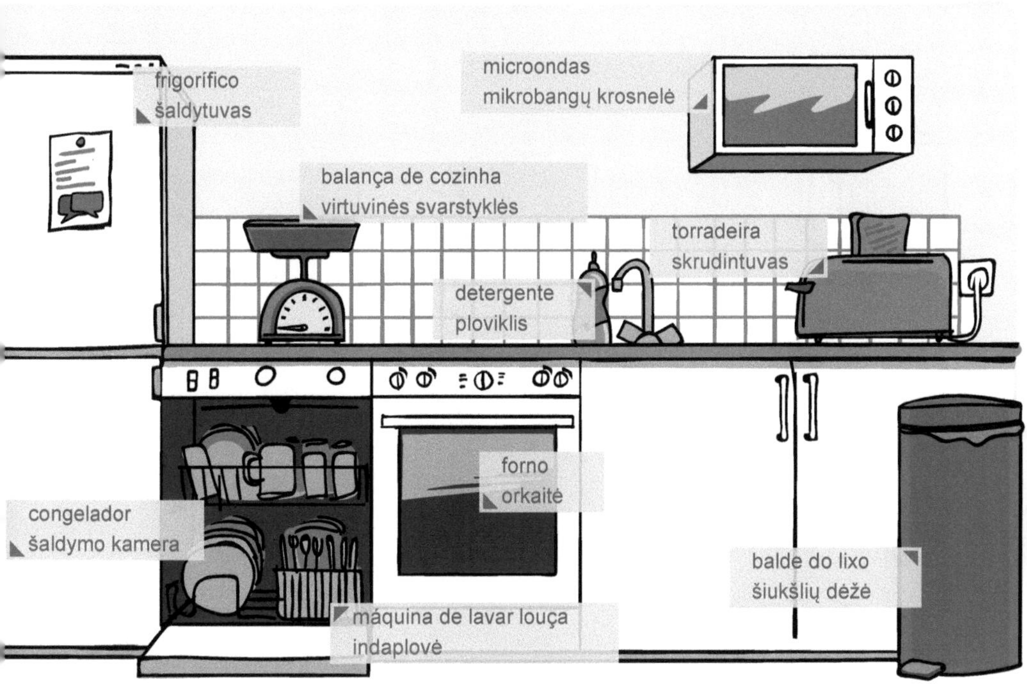

frigorífico
šaldytuvas

microondas
mikrobangų krosnelė

balança de cozinha
virtuvinės svarstyklės

torradeira
skrudintuvas

detergente
ploviklis

forno
orkaitė

congelador
šaldymo kamera

balde do lixo
šiukšlių dėžė

máquina de lavar louça
indaplovė

fogão
viryklė

panela
puodas

panela de ferro
ketaus puodas

wok / kadai
„wok" keptuvė

frigideira
keptuvė

chaleira
virdulys

panela a vapor

garų puodas

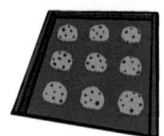

tabuleiro de forno

kepimo skarda

louça

porceliano indai

caneca

puodelis

tigela

dubuo

pauzinhos

valgomosios lazdelės

concha de sopa

samtis

espátula

mentelė

batedor de claras

plaktuvas

escorredor

koštuvas

peneira

sietas

ralador

trintuvė

almofariz

grūstuvė

churrasqueira

kepsninė

lareira

atvira liepsna

tábua de cortar
....
pjaustymo lentelė

rolo da massa
....
kočėlas

saca-rolhas

kamščiatraukis

lata
....
skardinė

abridor de latas
....
skardinių atidarytuvas

luvas de forno
....
puodkėlė

lava-loiça
....
kriauklė

escova
....
šepetys

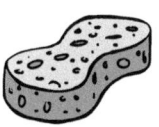

esponja
....
kempinė

liquidificador
....
trintuvas

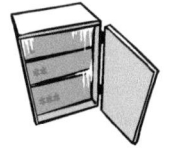

arca frigorífica
....
šaldiklis

biberão
....
kūdikių buteliukas

torneira
....
čiaupas

cozinha - virtuvė

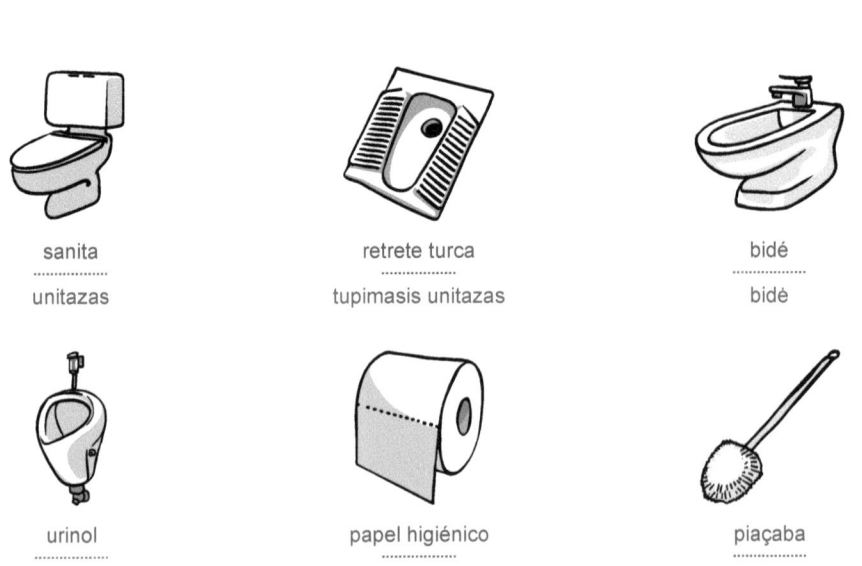

casa de banho
vonios kambarys

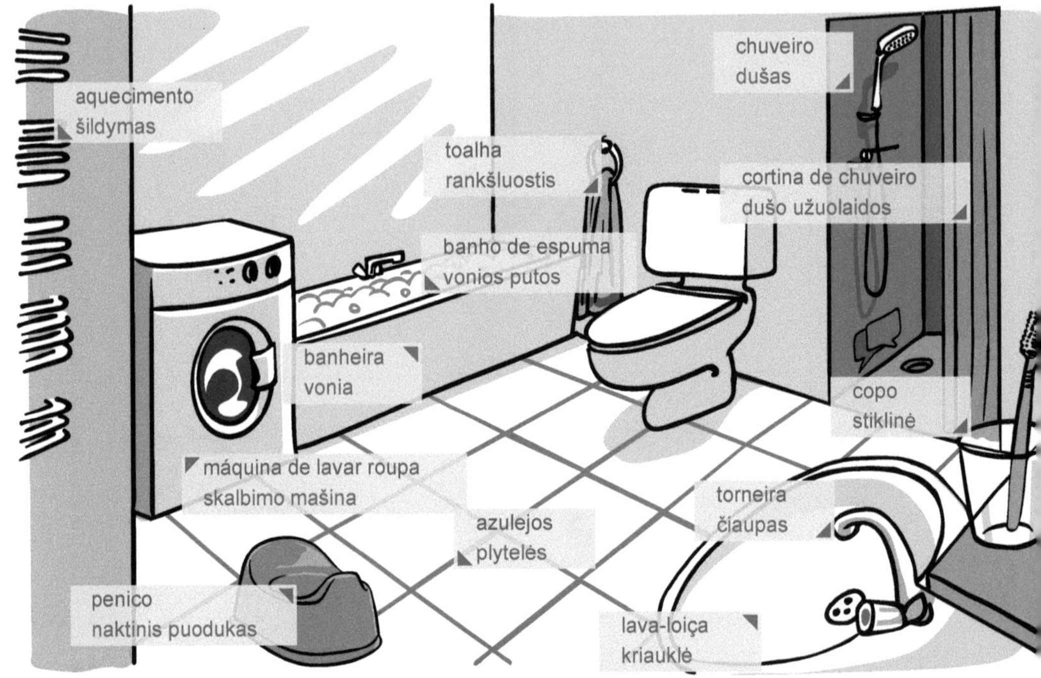

aquecimento
šildymas
toalha
rankšluostis
chuveiro
dušas
cortina de chuveiro
dušo užuolaidos
banho de espuma
vonios putos
banheira
vonia
copo
stiklinė
máquina de lavar roupa
skalbimo mašina
torneira
čiaupas
azulejos
plytelės
penico
naktinis puodukas
lava-loiça
kriauklė

sanita

unitazas

retrete turca

tupimasis unitazas

bidé

bidė

urinol

pisuaras

papel higiénico

tualetinis popierius

piaçaba

unitazo šepetys

escova de dentes

dantų šepetėlis

pasta de dentes

dantų pasta

fio dentário

dantų siūlas

lavar

plauti

chuveiro de mão

dušo galvutė

duche íntimo

higieninis dušas

bacia

praustuvas

escova para as costas

nugaros plaušinė

sabonete

muilas

gel de banho

dušo želė

champô

šampūnas

toalha de rosto

plaušinė

escoamento

kanalizacija

creme

kremas

desodorizante

dezodorantas

espelho

veidrodis

espelho de mão

veidrodėlis

máquina de barbear

skustuvas

creme de barbear

skutimosi putos

loção pós-barba

losjonas po skutimosi

pente

šukos

escova

šepetys

secador de cabelo

plaukų džiovintuvas

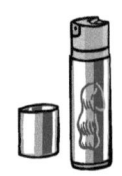

spray de cabelo

plaukų lakas

maquilhagem

makiažas

batom

lūpdažis

verniz de unhas

nagų lakas

algodão

vata

tesoura para unhas

žirklutės nagams

perfume

kvepalai

nécessaire

maišelis skalbiniams

tamborete

taburetė

balança

svarstyklės

roupão de banho

chalatas

luvas de borracha

guminės pirštinės

tampão

tamponas

penso higiénico

higieninis įklotas

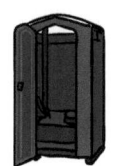

WC químico

biotualetas

quarto de criança
vaiko kambarys

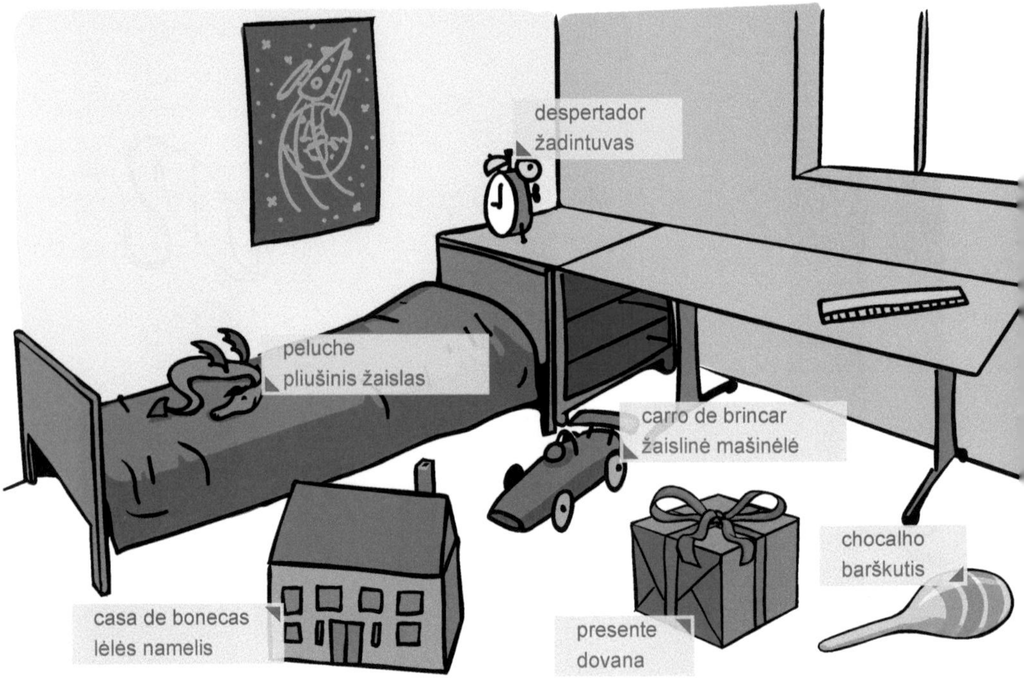
despertador
žadintuvas
peluche
pliušinis žaislas
carro de brincar
žaislinė mašinėlė
chocalho
barškutis
casa de bonecas
lėlės namelis
presente
dovana

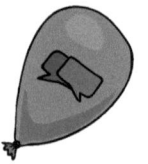

balão
balionas

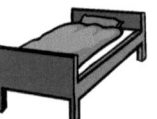

cama
lova

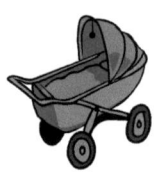

carrinho de bebé
vaikiškas vežimėlis

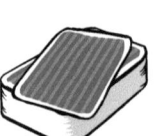

jogo de cartas
kortų malka

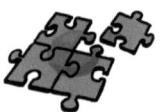

quebra-cabeças
dėlionė

SUPER
MEGA

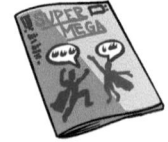

banda desenhada
komiksai

peças de Lego

lego kaladėlės

blocos de construção

žaislinės kaladėlės

figura de ação

figūrėlė

fato de bebé

šliaužtinukai

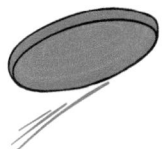

Frisbee

mėtymo lėkštė

móbile para bebé

karuselė

jogo de tabuleiro

stalo žaidimas

dados

kauliukai

pista de comboio elétrico

žaislinis traukinys

chupeta

žindukas

festa

vakarėlis

livro ilustrado

paveiksliukų knygelė

bola

kamuolys

boneca

lėlė

jogar

žaisti

caixa de areia
smėlio dėžė

baloiço
sūpynės

brinquedos
žaislai

consola de jogos
žaidimų konsolė

triciclo
triratukas

ursinho de peluche
meškiukas

guarda-roupa
drabužių spinta

vestuário
drabužis

meias
kojinės

meias pelo joelho
kojinės virš kelių

meias-calças
pėdkelnės

cachecol
šalikas

guarda-chuva
skėtis

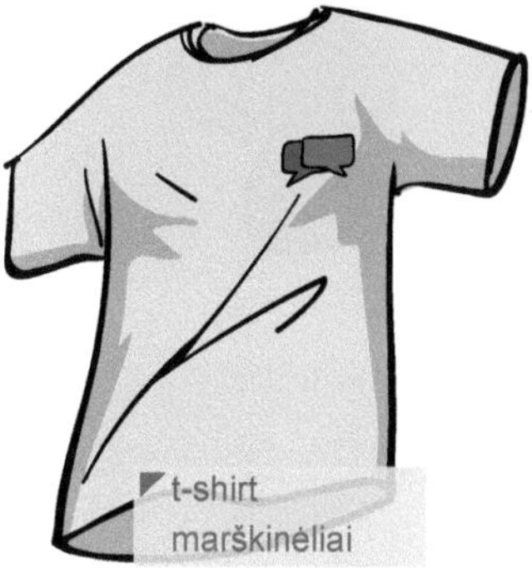

t-shirt
marškinėliai

cinto
diržas

botas
ilgaauliai batai

chinelos
šlepetės

sapatilhas
sportbačiai

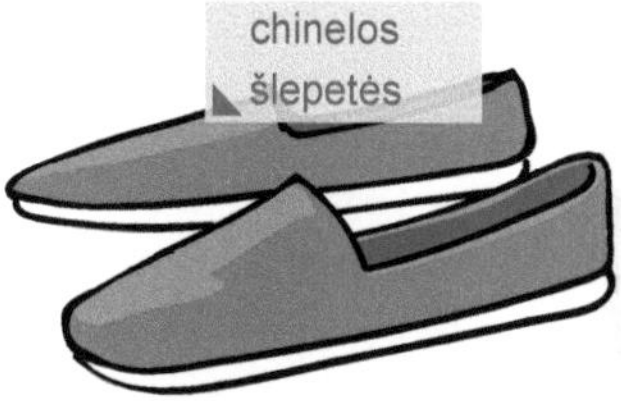

sandálias
sandalai

sapatos
batai

botas de borracha
guminiai batai

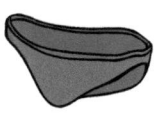

cuecas
trumpikės

sutiã
liemenėlė

camisola interior
liemenė

vestuário - drabužis   45

body
glaustinukė

calças
kelnės

calças de ganga
džinsai

saia
sijonas

blusa
palaidinė

camisa
marškiniai

pulôver
megztinis

camisola com capuz
megztinis su gobtuvu

blazer
švarkelis

casaco
švarkas

manto
paltas

gabardina
lietpaltis

traje
kostiumas

vestido
suknelė

vestido de casamento
vestuvinė suknelė

fato
kostiumas

camisa de dormir
naktiniai marškiniai

pijama
pižama

sari
saris

lenço de cabeça
skarelė

turbante
tiurbanas

burca
burka

cafetã
kaftanas

abaya
abaja

fato de banho
maudymosi kostiumėlis

calções de banho
glaudės

calções
šortai

fato de treino
sportinis kostiumas

avental
prijuostė

luvas
pirštinės

botão
saga

óculos
akiniai

pulseira
apyrankė

colar
vėrinys

anel
žiedas

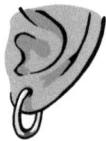

brinco
auskaras

boné
kepurė

cabide
pakabas

chapéu
skrybėlė

gravata
kaklaraištis

fecho de correr
užtrauktukas

capacete
šalmas

suspensórios
breketai

uniforme escolar
mokyklinė uniforma

uniforme
uniforma

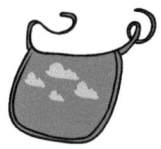

babete

seilinukas

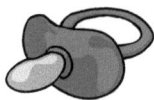

chupeta

žindukas

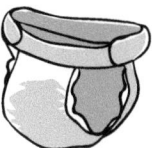

fralda

vystyklai

escritório
biuras

servidor
serveris
armário de arquivo
dokumentų spinta
impressora
spausdintuvas
papel
popierius
ecrã
vaizduoklis
rato
pelė
secretária
rašomasis stalas
pasta
aplankas
teclado
klaviatūra
cadeira
kėdė
cesto de lixo
šiukšliadėžė
computador
kompiuteris

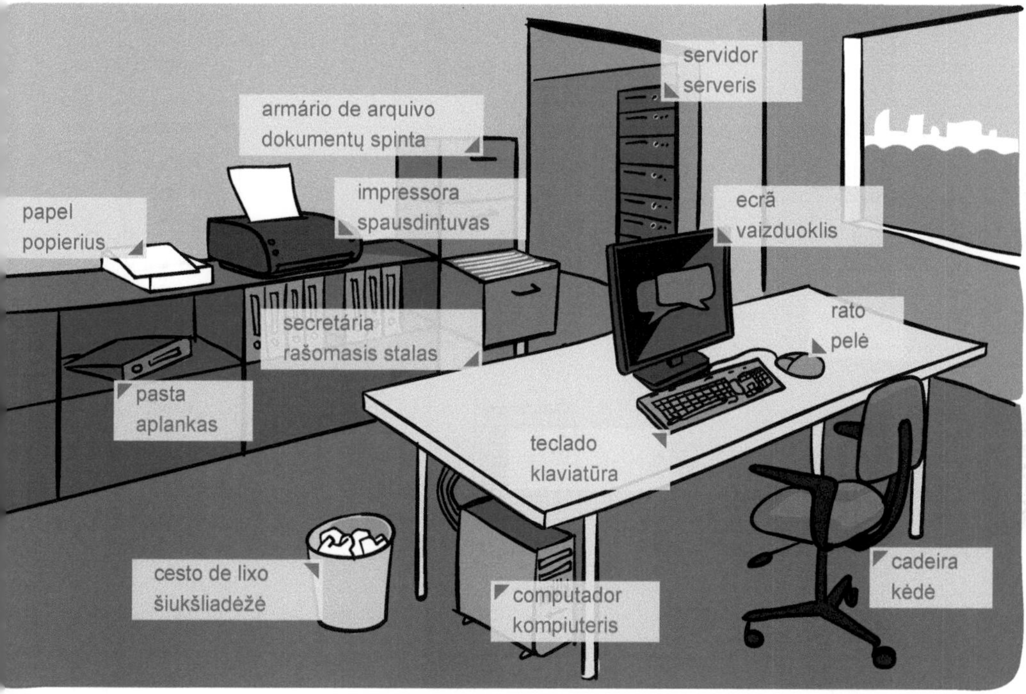

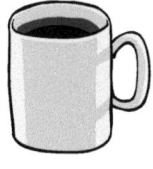

caneca de café

kavos puodelis

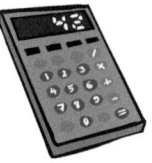

calculadora

kalkuliatorius

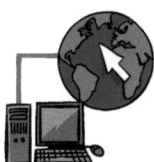

internet

internetas

computador portátil

nešiojamasis kompiuteris

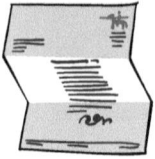

carta

laiškas

mensagem

žinutė

telemóvel

mobilusis telefonas

rede

tinklas

fotocopiadora

fotokopijavimo aparatas

software

programinė įranga

telefone

telefonas

tomada elétrica

kištukinis lizdas

fax

faksas

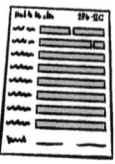

formulário

forma

documento

dokumentas

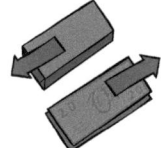

comprar
pirkti

pagar
mokėti

negociar
prekiauti

dinheiro
pinigai

dólar
doleris

euro
euras

yen
jena

rublo
rublis

franco suíço
Šveicarijos frankas

renminbi yuan
juanis

rupia
rupija

caixa de multibanco
bankomatas

casa de câmbio

valiutos keitykla

ouro

auksas

prata

sidabras

petróleo

nafta

energia

energija

preço

kaina

contrato

sutartis

imposto

mokestis

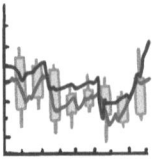

ação

akcijos

trabalhar

dirbti

empregado

darbuotojas

entidade patronal

darbdavys

fábrica

gamykla

loja

parduotuvė

profissões
profesijos

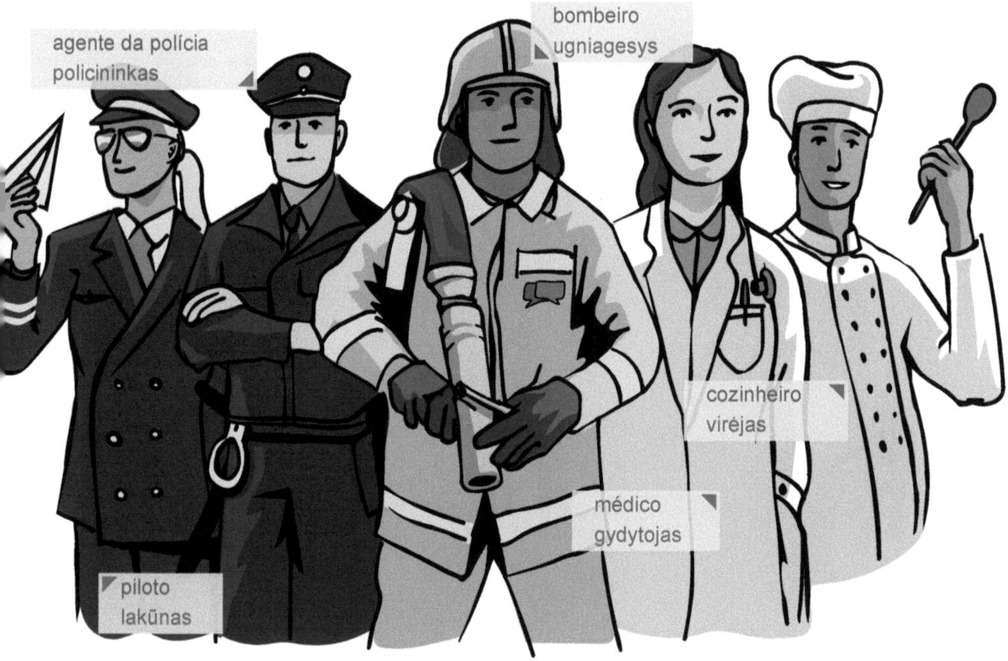
agente da polícia
policininkas
bombeiro
ugniagesys
cozinheiro
virėjas
médico
gydytojas
piloto
lakūnas

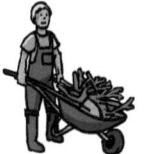

jardineiro

sodininkas

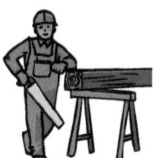

carpinteiro

stalius

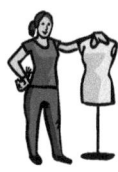

costureira

siuvėja

juiz

teisėjas

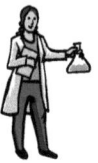

químico

chemikas

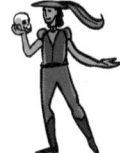

ator

aktorius

motorista de autocarro

autobuso vairuotojas

motorista de táxi

taksi vairuotojas

pescador

žvejys

empregada de limpeza

valytoja

telhador

stogdengys

empregado de mesa

padavėjas

caçador

medžiotojas

pintor

dailininkas

padeiro

kepėjas

eletricista

elektrikas

construtor

statybininkas

engenheiro

inžinierius

talhante

mėsininkas

canalizador

santechnikas

carteiro

paštininkas

soldado

kareivis

arquiteto

architektas

caixa

kasininkas

florista

gélininkas

cabeleireiro

kirpėjas

controlador de bilhetes

konduktorius

mecânico

mechanikas

capitão

kapitonas

dentista

odontologas

cientista

mokslininkas

rabino

rabinas

imã

imamas

monge

vienuolis

pastor

kunigas

ferramentas
įrankiai

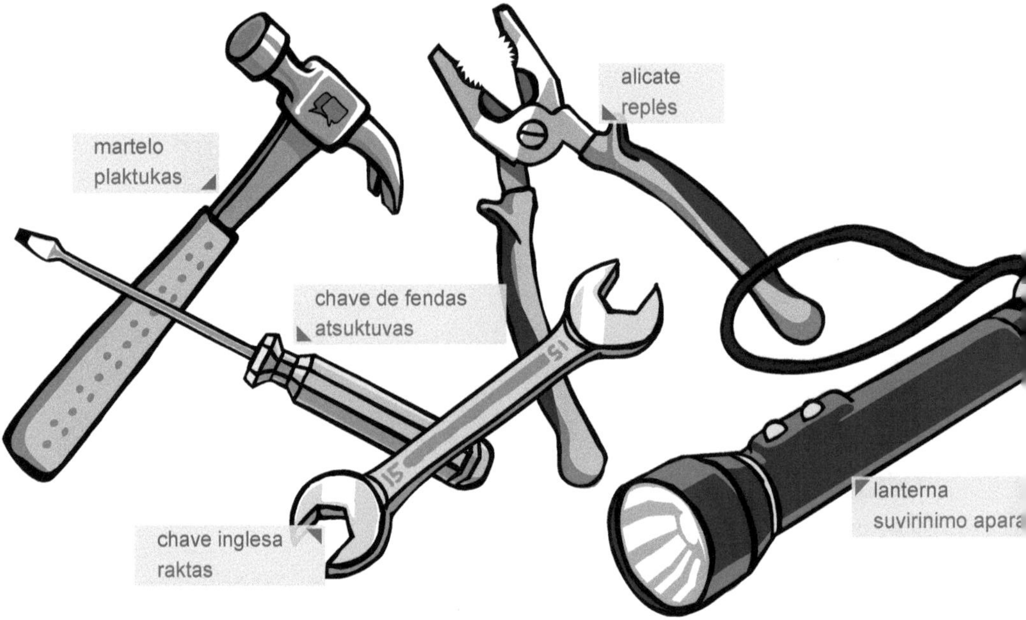
alicate
replės
martelo
plaktukas
chave de fendas
atsuktuvas
lanterna
suvirinimo apara
chave inglesa
raktas

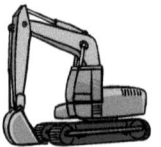

escavadora

ekskavatorius

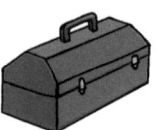

caixa de ferramentas

įrankių dėžė

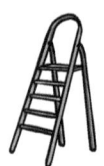

escadote

kopėčios

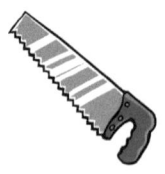

serra

pjūklas

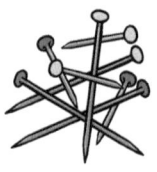

pregos

vinys

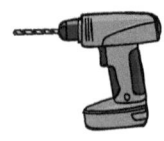

broca

grąžtas

reparar
....
taisyti

pá
....
kastuvas

porcaria!
....
Velniava!

pá de lixo
....
semtuvėlis

pote de tinta
....
dažų skardinė

parafusos
....
varžtai

instrumentos musicais
muzikos instrumentai

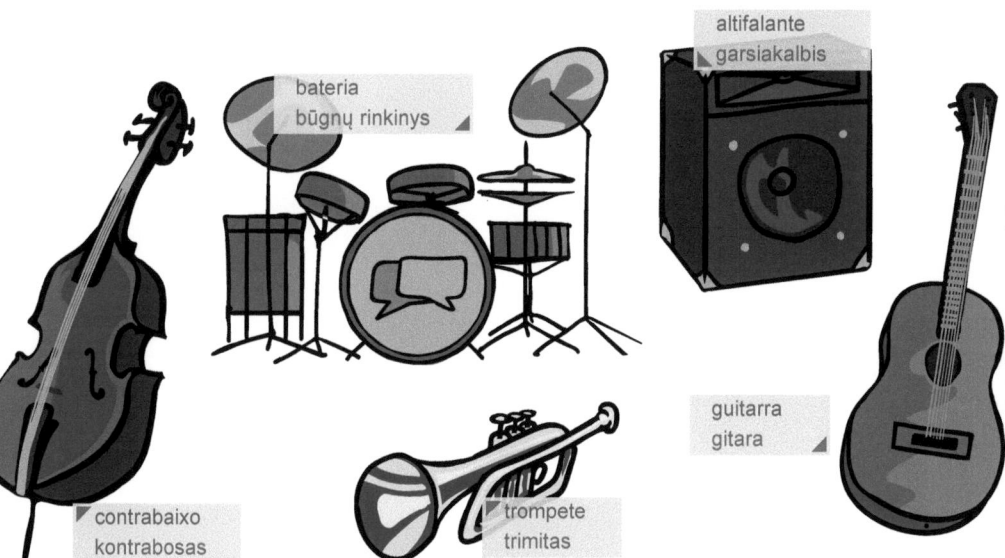

bateria
būgnų rinkinys

altifalante
garsiakalbis

contrabaixo
kontrabosas

trompete
trimitas

guitarra
gitara

piano
pianinas

violino
smuikas

baixo
bosinė gitara

timbales
timpanas

tambor
būgnai

teclado
sintezatorius

saxofone
saksofonas

flauta
fleita

microfone
mikrofonas

jardim zoológico
zoologijos sodas

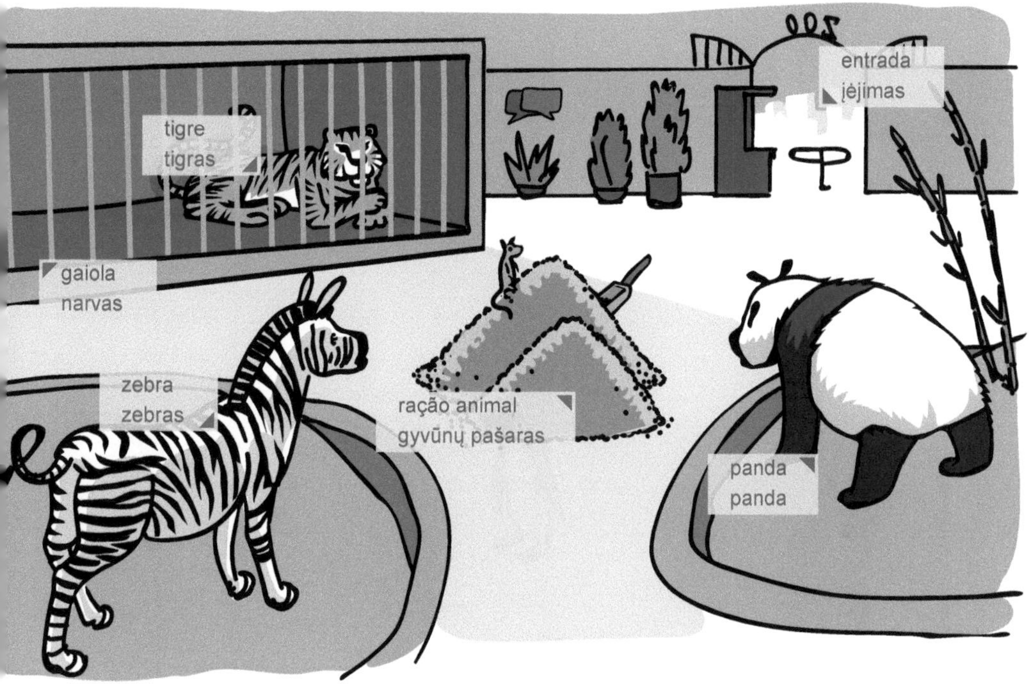

entrada
įėjimas
tigre
tigras
gaiola
narvas
zebra
zebras
ração animal
gyvūnų pašaras
panda
panda

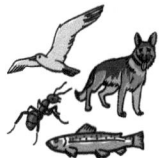

animais
gyvūnai

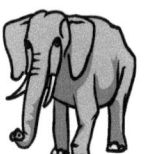

elefante
dramblys

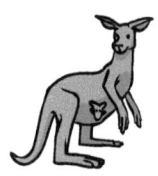

canguru
kengūra

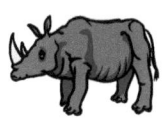

rinoceronte
raganosis

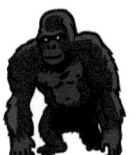

gorila
gorila

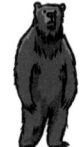

urso
meška

camelo

kupranugaris

avestruz

strutis

leão

liūtas

macaco

beždžionė

flamingo

flamingas

papagaio

papūga

urso polar

baltoji meška

pinguim

pingvinas

tubarão

ryklys

pavão

povas

cobra

gyvatė

crocodilo

krokodilas

guarda do jardim zoológico

zoologijos sodo prižiūrėtojas

foca

ruonis

jaguar

jaguaras

pónei

ponis

leopardo

leopardas

hipopótamo

begemotas

girafa

žirafa

águia

erelis

javali

šernas

peixe

žuvis

tartaruga

vėžlys

morsa

vėplys

raposa

lapė

gazela

gazelė

futebol americano
amerikietiškas futbolas

ciclismo
dviračių sportas

ténis
tenisas

basquetebol
krepšinis

natação
plaukimas

boxe
boksas

hóquei no gelo
ledo ritulys

futebol
futbolas

badminton
badmintonas

atletismo
atletika

andebol
rankinis

esqui
slidinėjimas

polo
polas

atividades
užsiėmimai

rir
juoktis
saltar
šokinėti
abraçar
apkabinti
andar
vaikščioti
cantar
dainuoti
sonhar
svajoti
rezar
melstis
beijar
bučiuoti

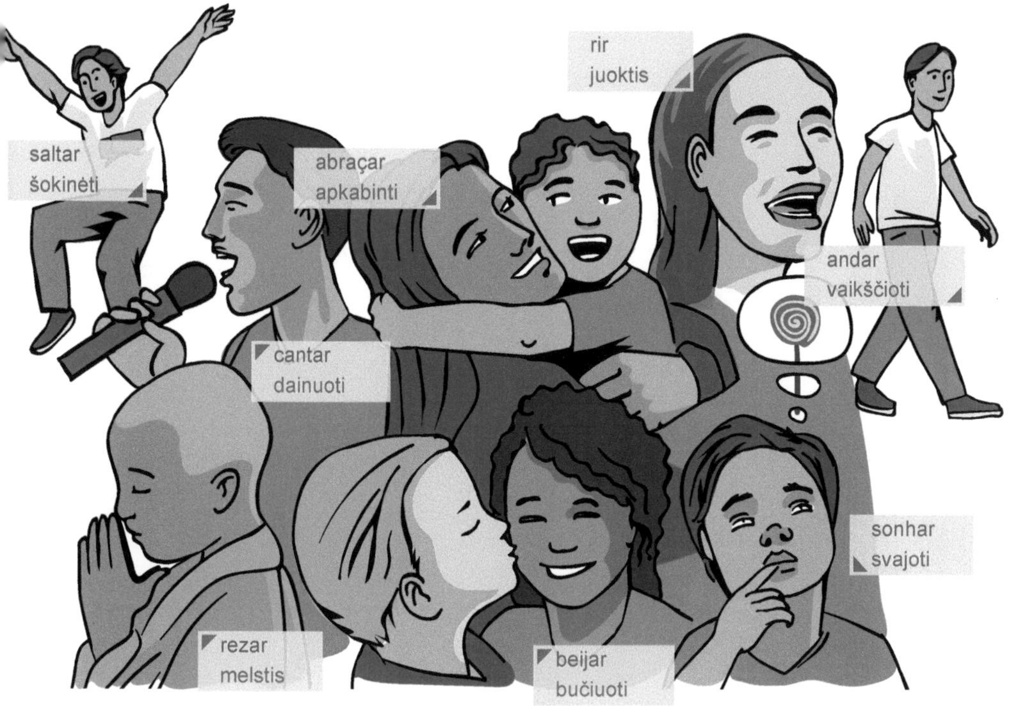

escrever

rašyti

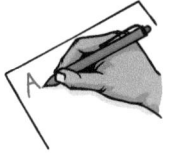

desenhar

piešti

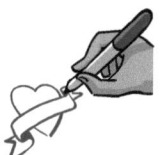

mostrar

rodyti

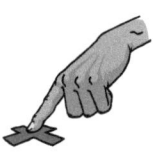

empurrar

stumti

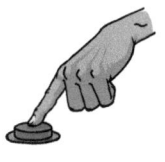

dar

duoti

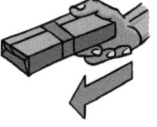

tomar

imti

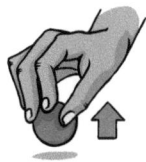

ter
turėti

fazer
daryti

ser
būti

ficar de pé
stovėti

correr
bėgti

puxar
traukti

remessar
mesti

cair
kristi

deitar
meluoti

esperar
laukti

carregar
nešti

sentar
sėdėti

vestir
rengtis

dormir
miegoti

acordar
pabusti

olhar para

žiūrėti

chorar

verkti

acariciar

glostyti

pentear

šukuoti

falar

kalbėti

compreender

suprasti

perguntar

paklausti

ouvir

klausytis

beber

gerti

comer

valgyti

arrumar

tvarkytis

amar

mylėti

cozinhar

gaminti

conduzir

vairuoti

voar

skristi

velejar

buriuoti

calcular

skaičiuoti

ler

skaityti

aprender

mokytis

trabalhar

dirbti

casar

vesti

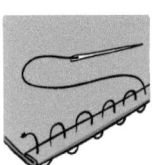

costurar

siūti

escovar os dentes

valytis dantis

matar

žudyti

fumar

rūkyti

enviar

siųsti

avó
senelė

avô
senelis

pai
tėvas

mãe
motina

bebé
kūdikis

filha
dukra

filho
sūnus

convidado
svečias

tia
teta

tio
dėdė

irmão
brolis

irmã
sesuo

corpo
kūnas

testa
kakta
olho
akis
ombro
petys
dedo
pirštas
cara
veidas
queixo
smakras
mão
plaštaka
perna
koja
peito
krūtinė
braço
ranka

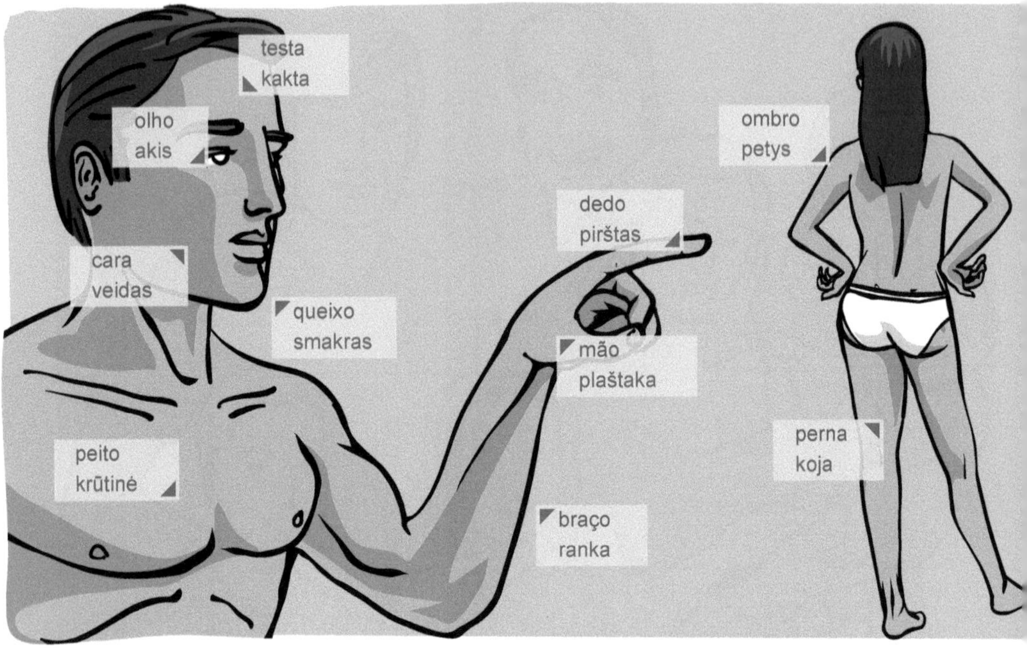

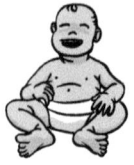

bebé

kūdikis

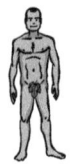

homem

vyras

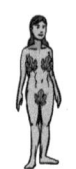

mulher

moteris

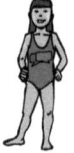

menina

mergaitė

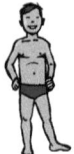

menino

berniukas

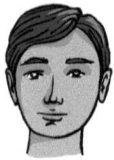

cabeça

galva

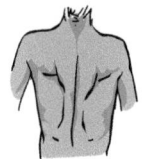

costas
....
nugara

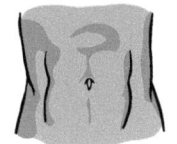

barriga
....
pilvas

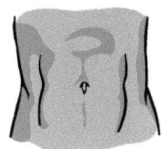

umbigo
....
bamba

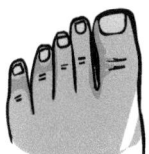

dedo do pé
....
kojos pirštas

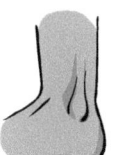

calcanhar
....
kulnas

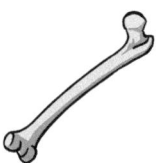

osso
....
kaulas

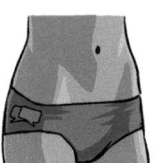

anca
....
klubas

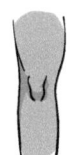

joelho
....
kelis

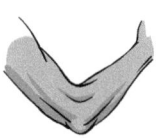

cotovelo
....
alkūnė

nariz
....
nosis

nádegas
....
sėdmenys

pele
....
oda

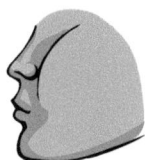

bochecha
....
skruostas

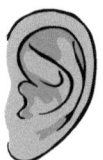

orelha
....
ausis

lábio
....
lūpa

boca
burna

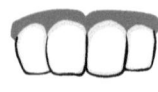

dente
dantis

língua
liežuvis

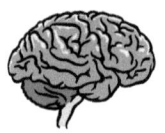

cérebro
smegenys

coração
širdis

músculo
raumuo

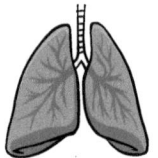

pulmão
plaučiai

fígado
kepenys

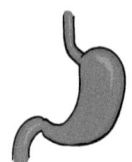

estômago
skrandis

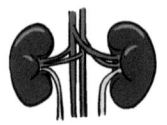

rins
inkstai

relações sexuais
seksas

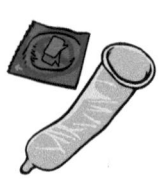

preservativo
prezervatyvas

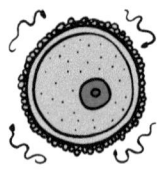

óvulo
kiaušialąstė

esperma
sperma

gravidez
nėštumas

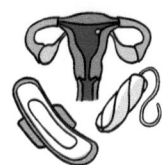

menstruação

menstruacijos

vagina

makštis

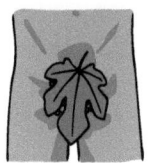

pénis

varpa

sobrancelha

antakis

cabelo

plaukai

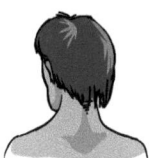

pescoço

kaklas

hospital
ligoninė

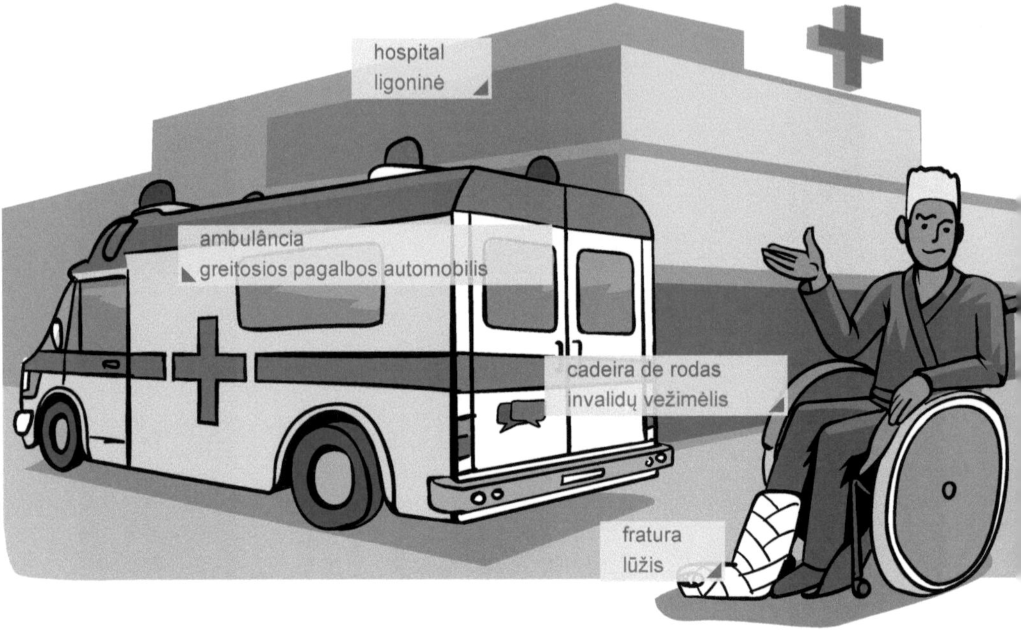

hospital
ligoninė
ambulância
greitosios pagalbos automobilis
cadeira de rodas
invalidų vežimėlis
fratura
lūžis

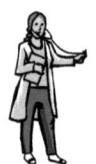

médico
gydytojas

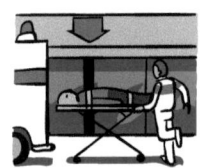

serviço de urgências
skubios pagalbos skyrius

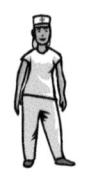

enfermeira
slaugytoja

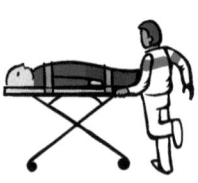

emergência
nelaimingas atsitikimas

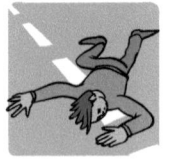

inconsciente
be sąmonės

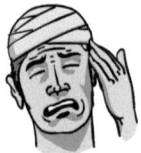

dor
skausmas

ferimento

sužalojimas

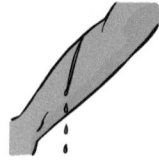

hemorragia

kraujavimas

ataque cardíaco

širdies smūgis

acidente vascular cerebral

insultas

alergia

alergija

tosse

kosulys

febre

karščiavimas

gripe

gripas

diarreia

viduriavimas

dor de cabeça

galvos skausmas

cancro

vėžys

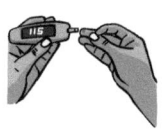

diabetes

diabetas

cirurgião

chirurgas

bisturi

skalpelis

operação

operacija

CT
KT

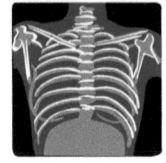

raio x
rentgenas

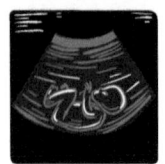

ultrassom
ultragarsas

máscara
veido kaukė

doença
liga

sala de espera
laukiamasis

muleta
ramentas

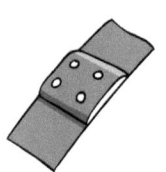

penso rápido
gipsas

ligadura
tvarstis

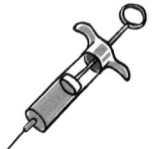

injeção
injekcija

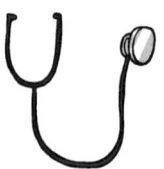

estetoscópio
stetoskopas

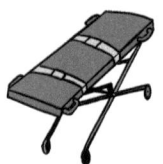

maca
neštuvai

termómetro
termometras

nascimento
gimimas

excesso de peso
antsvoris

aparelho auditivo

klausos aparatas

desinfetante

dezinfekavimo priemonė

infeção

infekcija

vírus

virusas

HIV / SIDA

ŽIV / AIDS

medicamento

vaistas

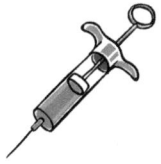

vacinação

skiepijimas

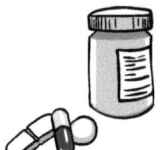

comprimidos

tabletės

pílula

piliulė

chamada de emergência

skubios pagalbos numeris

dispositivo de medição de
pressão arterial

kraujospūdžio matuoklis

doente / saudável

ligotas / sveikas

Socorro!

Padėkite!

alarme

pavojaus signalas

assalto

užpuolimas

ataque

ataka

perigo

pavojus

saída de emergência

avarinis išėjimas

Fogo!

Gaisras!

extintor de incêndios

gesintuvas

acidente

nelaimingas atsitikimas

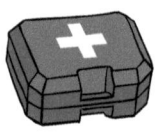

estojo de primeiros socorros

pirmosios pagalbos rinkinys

SOS

SOS

polícia

policija

Europa

Europa

América do Norte

Šiaurės Amerika

América do Sul

Pietų Amerika

África

Afrika

Ásia

Azija

Austrália

Australija

Atlântico

Atlanto vandenynas

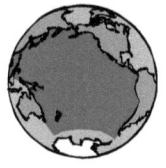

Pacífico

Ramusis vandenynas

Oceano Índico

Indijos vandenynas

Oceano Antártico

Pietų vandenynas

Oceano Ártico

Arkties vandenynas

Polo Norte

Šiaurės ašigalis

Polo Sul

Pietų ašigalis

Antártica

Antarktida

terra

Žemė

país

sausuma

mar

jūra

ilha

sala

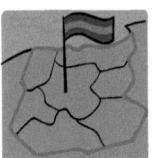

nação

tauta

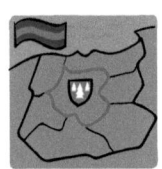

estado

valstybė

mostrador do relógio
ciferblatas

ponteiro das horas
valandinė rodyklė

ponteiro dos minutos
minutinė rodyklė

ponteiro dos segundos
sekundinė rodyklė

Que horas são?
Kiek valandų?

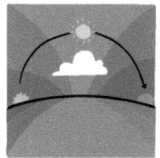

dia
diena

tempo
laikas

agora
dabar

relógio digital
skaitmeninis laikrodis

minuto
minutė

hora
valanda

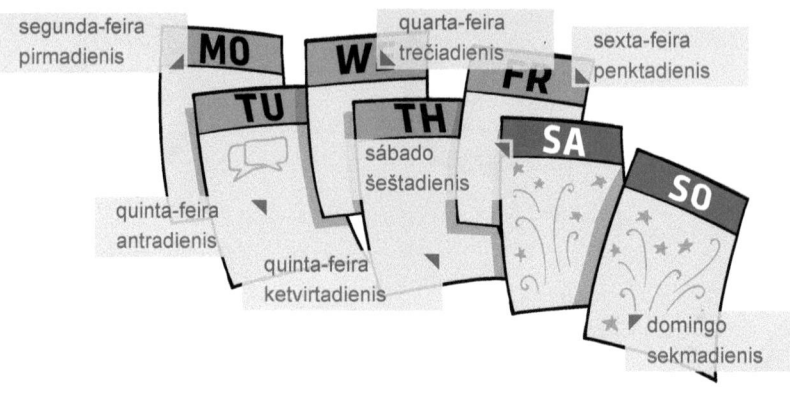

segunda-feira
pirmadienis

quarta-feira
trečiadienis

sexta-feira
penktadienis

quinta-feira
antradienis

sábado
šeštadienis

quinta-feira
ketvirtadienis

domingo
sekmadienis

ontem
vakar

hoje
šiandien

amanhã
rytoj

manhã
rytas

meio-dia
vidurdienis

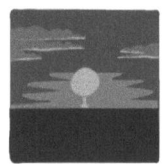

entardecer
vakaras

MO	TU	WE	TH	FR	SA	SU
1	2	3	4	5	6	7
8	9	10	11	12	13	14
15	16	17	18	19	20	21
22	23	24	25	26	27	28
29	30	31	1	2	3	4

dias úteis
darbo dienos

MO	TU	WE	TH	FR	SA	SU
1	2	3	4	5	6	7
8	9	10	11	12	13	14
15	16	17	18	19	20	21
22	23	24	25	26	27	28
29	30	31	1	2	3	4

fim de semana
savaitgalis

ano
metai

chuva
lietus
arco-íris
vaivorykštė
neve
sniegas
vento
vėjas
primavera
pavasaris
outono
ruduo
verão
vasara
inverno
žiema

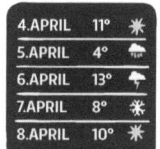

4.APRIL 11°
5.APRIL 4°
6.APRIL 13°
7.APRIL 8°
8.APRIL 10°

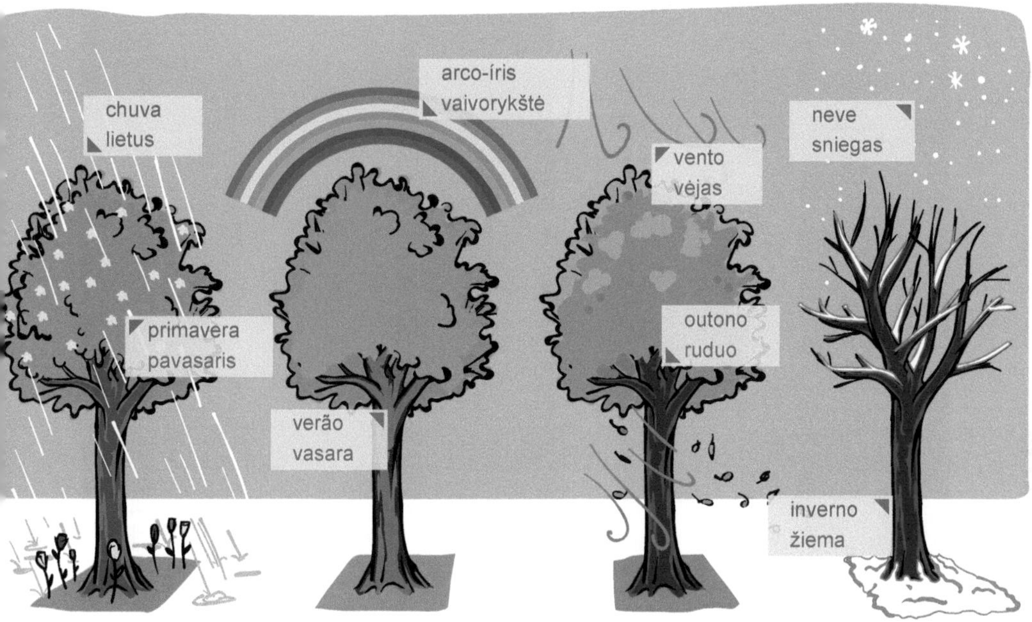

previsão do tempo

orų prognozė

F
C

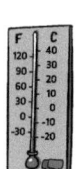

termómetro

lauko termometras

raios de sol

saulės šviesa

nuvem

debesis

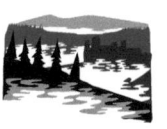

neblina / nevoeiro

rūkas

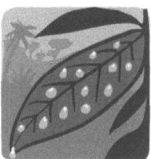

humidade do ar

drėgmė

relâmpago
žaibas

trovão
griaustinis

tempestade
audra

granizo
kruša

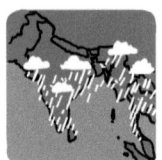

monção
musonas

inundação
potvynis

gelo
ledas

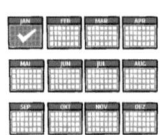

janeiro
sausis

fevereiro
vasaris

março
kovas

abril
balandis

maio
gegužė

junho
birželis

julho
liepa

agosto
rugpjūtis

setembro
rugsėjis

outubro
spalis

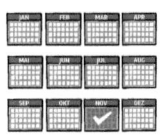

novembro
lapkritis

dezembro
gruodis

formas
formos

círculo
apskritimas

quadrado
kvadratas

retângulo
stačiakampis

triângulo
trikampis

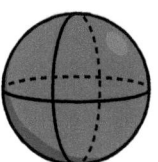

esfera
sfera

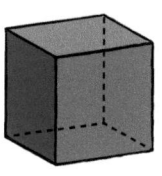

cubo
kubas

branco
....
balta

amarelo
....
geltona

laranja
....
oranžinė

rosa
....
rožinė

vermelho
....
raudona

lilás
....
violetinė

azul
....
mėlyna

verde
....
žalia

castanho
....
ruda

cinzento
....
pilka

preto
....
juoda

muito / pouco

daug / mažai

furioso / calmo

piktas / ramus

lindo / feio

gražus / bjaurus

princípio / fim

pradžia / pabaiga

grande / pequeno

didelis / mažas

claro / escuro

šviesus / tamsus

irmão / irmã

brolis / sesuo

limpo / sujo

švarus / purvinas

completo / incompleto

užbaigtas / neužbaigtas

dia / noite

diena / naktis

morto / vivo

miręs / gyvas

largo / estreito

platus / siauras

comestível / não comestível

valgomas / nevalgomas

mau / gentil

piktas / malonus

entusiasmado / entediado

linksmas / nuobodus

gordo / magro

storas / plonas

primeiro / último

pirmiausia / paskiausia

amigo / inimigo

draugas / priešas

cheio / vazio

pilnas / tuščias

duro / macio

kietas / minkštas

pesado / leve

sunkus / lengvas

fome / sede

alkis / troškulys

doente / saudável

ligotas / sveikas

ilegal / legal

nelegalus / legalus

inteligente / burro

protingas / kvailas

esquerda / direita

kairė / dešinė

perto / longe

arti / toli

novo / usado

naujas / naudotas

nada / algo

niekas / kažkas

velho / jovem

senas / jaunas

ligado / desligado

įjungta / išjungta

aberto / fechado

atidaryta / uždaryta

baixo / alto

tylus / garsus

rico / pobre

turtingas / vargšas

certo / errado

teisus / neteisus

áspero / liso

šiurkštus / švelnus

triste / feliz

liūdnas / laimingas

curto / longo

trumpas / ilgas

lento / rápido

lėtas / greitas

molhado / seco

drėgnas / sausas

ameno / fresco

šiltas / šaltas

guerra / paz

karas / taika

0

zero

nulis

1

um

vienas

2

dois

du

3

três

trys

4

quatro

keturi

5

cinco

penki

6

seis

šeši

7

sete

septyni

8

oito

aštuoni

9

nove

devyni

10

dez

dešimt

11

onze

vienuolika

12

doze

dvylika

13

treze

trylika

14

catorze

keturiolika

15

quinze

penkiolika

16

dezasseis

šešiolika

17

dezassete

septyniolika

18

dezoito

aštuoniolika

19

dezanove

devyniolika

20

vinte

dvidešimt

100

cem

šimtas

1.000

mil

tūkstantis

1.000.000

milhão

milijonas

inglês

anglų

inglês americano

amerikiečių anglų

chinês mandarim

kinų (mandarinų)

hindi

hindi

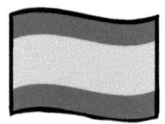

espanhol

ispanų

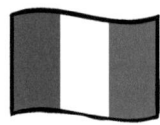

francês

prancūzų

árabe

arabų

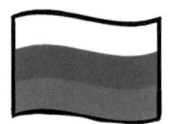

russo

rusų

português

portugalų

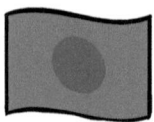

bengalês

bengalų

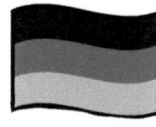

alemão

vokiečių

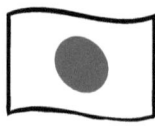

japonês

japonų

eu

aš

tu

tu

ele / ela

jis / ji

nós

mes

vós

jūs

eles / elas

jie

quem?

kas?

o quê?

ką?

como?

kaip?

onde?

kur?

quando?

kada?

nome

vardas

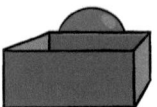

atrás
....
už

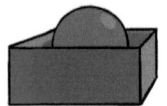

em
....
kur (vieta)

à frente de
....
priešais

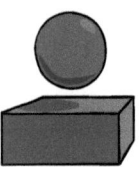

sobre
....
virš

em cima
....
ant

debaixo
....
po

ao lado
....
prie

entre
....
tarp

lugar
....
vieta